MARTIN KUITERS

DOPPELTE UNTERSCHENKELFRAKTUR

MARTIN KUITERS

DOPPELTE UNTERSCHENKELFRAKTUR

Eine gesellschaftskritische Novelle

Re Di Roma-Verlag

Bibliografische Information der Deutschen Nationalbibliothek:
Die Deutsche Nationalbibliothek verzeichnet diese Publikation in der Deutschen Nationalbibliografie; detaillierte bibliografische Daten sind im Internet über http://dnb.ddb.de abrufbar.

ISBN 978-3-86870-128-9

Umschlaggestaltung: Benny Kuiters

www.rediroma-verlag.de
6,95 Euro (D)

Inhaltsverzeichnis:

Dieses Buch ist Jörg gewidmet

Kapitel 1: Der Unfall

30.6.2009, kurz vor 16.00 Uhr ... meine Gedanken und meine Gefühle liefern sich einen ständigen Wettkampf, ob ich nun traurig oder glücklich sein sollte, denn meine 11 Monate Praktikum in diesem kommunalen Kindergarten würden voraussichtlich in zehn Minuten zu Ende sein. Dass der kleine Julius von nicht einmal fünf Jahren mir zum Abschied »ich werde dich nie vergessen, Martin« sagte, war wohl das größte Geschenk, was mir an diesen Tag gemacht wurde. Denn von meinen Kolleginnen konnte ich solche Worte nicht erwarten.

Punkt 16.00 Uhr. »Martin«, sagte Leiterin Esther im deutlich ernsten Ton, »du brauchst an der Teamsitzung wirklich nicht mehr teilzunehmen.« »Ok«, erwiderte ich. Meine Neigung, höflich zu sein, in Kombination zu rhetorischer Feinfühligkeit (beziehungsweise Grobheit), veranlassten mich dazu, folgende Worte zu finden: »Ich bedanke mich sehr herzlich bei euch für alles. Es war mir eine Ehre, mit euch zu arbeiten. Ich wünsche euch und den Kindern alles Gute.«

Esther, die Leiterin, hatte nur ein spöttisches »Tzzz« dafür übrig, die anderen Kolleginnen schwiegen, bis die stellvertretende Leiterin Gaby »dir auch alles gute« erwiderte.

Etwas durch den Wind ging ich vermeindlich

das letzte Mal aus der Einrichtung hinaus. Es war wohl die richtige Entscheidung, den Arbeitsvertrag aufzulösen. Der Grund hierfür war sekundär meine Abwesenheit kürzlich beim Sommerfest und primär die menschliche Kälte zwischen mir, meinen jetzt ex-Kolleginnen und der Leiterin. Diese menschliche Kälte war für mich ein gefundenes Alibi, beispielsweise, um mein Fernbleiben am kürzlich stattgefundenen Sommerfest zu rechtfertigen. Ich war nämlich damals besoffen in der Weltgeschichte unterwegs und gar nicht mehr in der Lage gewesen, dem Fest beizuwohnen.

Selbstkritik ist für mich eine elementare Tugend, die zu diesem Zeitpunkt allerdings nicht verhindern konnte, meine angestaute Wut mit Alkohol zu ertränken. Obwohl ich sehr erleichtert war, die Sache mit dem Kindergarten und den ganzen Prüfungsstress hinter mir zu haben, schossen mir seltsame Ideen durch den Kopf. Wegen meiner Liebe zu Fußballtrikots wollte ich mir von meinen mittlerweile hart ersparten 1000 € eins gönnen und fuhr in die Grünstadter Innenstadt. Im lokalen Sportladen hatten sie allerdings nicht dasjenige, welches ich haben wollte. Ein gefundenes Fressen für das imaginäre Teufelchen in meinem Kopf, welches (auch wegen der frischen Erfahrung im Kindergarten) mir stärker denn je zurief: »Kauf und trink Alkohol!« So ging ich in den nächstgelegenen Supermarkt und krallte mir vier Pullen Bier und zwei kleine Wodka.

So fuhr ich erst einmal heimwärts, parkte vorm Haus und schüttete mir die kleinen Wodkafläschchen hinter die Binde. Nachdem die Fläschchen ins nächstgelegene Gebüsch buxiert wurden, setzte ich mich postwendend in unseren Garten. Meine Mutter hörte das Gebell vom Hund, setzte sich zu mir und fragte: »Und?« Ich zeigte ihr eine der formellen Unterlagen, die ich aufgrund meiner Ausbildung benötigte.

»Nicht sehr nett von der Esther, so was zu schreiben!«

»Ja, zum Dank gab es nicht einmal ein *alles Gute*, geschweige denn, ein Tschüss.«

»Ist das jetzt ein Grund, dir wieder mal die Birne zuzukippen, Martin?«

»Ja«, sagte ich.

Im Eiltempo exte ich die Bierchen herunter. Der Frust und die Wut über die Ungerechtigkeiten, Undankbarkeiten und die unsägliche Ignoranz, die man mir entgegenbrachte, war so groß, dass ich irgendein Ventil suchte, irgendeinen Zustand, der mich vergessen lassen sollte, oder irgendeine Aktion, die mir wie ein Tacho aufzeigen sollte, dass ich noch am Leben war.

Deshalb fragte ich, leicht angetrunken, meinen Bruder, als er sich im Garten zu mir setzte: »Bock, nach Monnem zu fahren? Will mir ein Italien-Trikot kaufen.«

»Nee«, entgegnete Benny, »es ist zu heiß heute, es kostet unnötig Sprit und ich persönlich hab da jetzt keinen Bock drauf.«

»In Ordnung«, stammelte ich vor mich hin, »dann fahr ich selbst mit dem Zug nach Monnem und hol es mir. Keine Angst, Benny, ich trink heute nix mehr, hol es einfach und komm wieder nach Hause, ok?«

»Ok«, antwortete Benny, und so zog ich zu Fuß los.

Mit meiner EC-Karte im Anschlag lief ich los. Normalerweise hatte ich diese nicht mehr frei zur Verfügung, meine Eltern hatten sie mir (zu Recht) sicherheitshalber abgenommen wegen meiner ständigen Sauferei. Am örtlichen Bahnhof angekommen versorgte ich mich mit einem weiteren Bier. Da es schon später Nachmittag war, musste ich mir eine geeignete Verbindung suchen, um noch vor Ladenschluss in Mannheim einzutreffen. Ich entschied mich im Suff dafür, nach Bad Dürkheim zu fahren um von dort aus die Rhein-Haardt-Bahn Richtung Mannheim zu nehmen.

Zufälligerweise lag auf dieser Strecke meine alte Schule in Ludwigshafen. Dort lag höchstwahrscheinlich die Ursache für meine persönliche Grundeinstellung, Autoritäten kategorisch abzulehnen. Mir kam die Situation Mitte der Neunziger in den Kopf, als ich einen Davidsstern auf meinen Schulordner malte. Meine damalige

Deutschlehrerin bat mich empört darum, diesen zu übermalen, da er »Mord und Totschlag« bedeuten sollte. Dies konnte ich damals beim besten Willen nicht nachvollziehen, heute weiß ich, dass die besagte Deutschlehrerin eine überzeugte Antisemitin war. Die Sache zeigte mir die bedeutungsvolle Erkenntnis auf, dass man später scheinbar unwichtige Dinge in einem anderen Kontext zu wichtigen Dingen transformieren kann.

So hielt die Straßenbahn am Mannheimer Hauptbahnhof an. Durch das viele Bier musste ich unbedingt pinkeln, weshalb ich wie von der Tarantel gestochen zum nächsten WC eilte. Erleichtert schielte ich daraufhin auf die riesige Bahnhofsuhr. 19.30 Uhr, es wurde knapp mit meinen Trikot. Ich rannte, als ob es um mein Leben ging, durch die Mannheimer City zum nächsten Sportgeschäft. Doch dort sowie beim nächstgelegenen Kaufhaus war mein gewünschtes Shirt ausverkauft. So begab ich mich zur Trinkhalle um die Ecke, um mir frischen Tabak zu kaufen, und eine weitere Ladung Bier war ebenfalls von Nöten. Schwitzend inhalierte ich den selbstgedrehten Glimmstängel, so fest ich konnte, und nahm, wie es bei mir üblich war, kräftig und schnell Schlücke vom Gerstensaft.

Folglich bildeten sich im wahrsten Sinn des Wortes »Schnapsideen« in meinem Kopf. Meine nun durch Arbeitslosigkeit erworbene Unabhängigkeit wollte ich mit meinem persönlichen Saufgelage in Kombination mit einem Puffbesuch zelebrieren. Da ich nicht genau wusste, wo in Mannheim die Lupinenstraße ist (hätte sie wohl auch schwer gefunden), setzte ich mich in den Zug Richtung Mainz, um in Worms mein weiteres Unwesen zu treiben.

Das hatte ich schließlich dort des Öfteren getan, da ich im Rahmen meiner Ausbildung zum Sozialassistenten dort zur Schule gegangen war. In der Nibelungenstadt angekommen, trieb mich mein Suffkopf wie ein Kompass zum unweit gelegenen Dönerladen, um flüssigen Nachschub zu ergattern. Feucht fröhlich wanderte ich nun von Dönerladen zu Dönerladen, immer weiter bis zur B9, der Hauptverkehrsader dieser Gegend. Per Anhalter wollte ich in Richtung Norden, um mal das »Hühnerhaus« zu testen.

Nach einigen gescheiterten Versuchen nahm mich eine ältere Frau mit, sie ließ mich direkt auf Höhe des Bordells hinaus. Vor dem Freudenhaus begegnete ich einem jungen Mann, wahrscheinlich mein Alter. »Ey Kollega«, sprach ich den langhaarigen Kerl an. »Bedienen die Nutten hier gut?«, fragte ich sturzbetrunken. Nervös zog er an der Zigarre, die er gerade rauchte. »Musst du ausprobieren«, entgegnete er mir.

»Wo kummschtn du vun her?« lallte ich ihn an. »Kibo« war seine Antwort.

»Ahyo cool, auch ein Pälzer! Bin aus Grünstadt! Ich geh dann mo noi, Kollega.« So klopfte ich dem jungen Mann noch mal kräftig auf die Schulter und begab mich die Treppen hinauf.

Im ersten Gang, den ich erblickte, standen drei Nutten. »Lustig«, wie ich drauf war, fragte ich ganz nassforsch: »Wo kommtn ihr vun her? Where are you from?«

»Poland«, »Romania«, »Hungary«, antworteten die drei nach der Reihe, wie brave Schulmädchen. »Poland? Good fucking, i take you!«, und zeigte auf die hübsche blonde Polin.

Mit ihr verschwand ich zunächst auf einem der Zimmer. »Du Deutsch?«, fragte sie mich.

»Nee, Holländer« antwortete ich, dies tat ich reflexartig, obwohl ich nur gebrochen niederländisch spreche und in Deutschland aufgewachsen bin. Durch näheres Nachdenken komm ich zu dem Schluss, dass dies durch die Ablehnung, die ich größtenteils in meinen Leben erfahren habe, zu Stande kommt, und ich mich nicht als Teil dieses Landes fühle.

»Cool«, sagte die junge Frau, »ich schaff neben hier auch in Venlo an«

»Venlo?«, rief ich begeistert, »gutes Weed.«

»Normal, willst du Poppers? Hab auch Weed da«, fragte mich die attraktive Dame.

»Gerne, gehen wir mal bezahlen, 150 € ficken und Drogen, ok?«

»Ok.« So ging ich mit ihr zum Pimp und ich bezahlte den Betrag mit meiner EC-Karte.

Nachdem also der geschäftliche Teil ad acta gelegt wurde, ging ich mit ihr zum aktiven Part über. Als wir uns beide ausgezogen hatten, gab sie mir was von den Poppers. Zusätzlich zu meiner Trunkenheit war ich durch das Gas drei Sekunden lang wahrhaftig auf Wolke »Sex«. Sie spielte an meinen Hintern rum und zog sich einen großen Plastikdildo um den Schoß.

»Woooooohhh«, schrie ich. »Nicht so Hardcore! Normaler Sex, bitte.« So versuchte ich so gut wie möglich über sie drüber zu rutschen, wie es noch in meiner Macht lag.

»Holländer«, sagte sie nach einer Weile zu mir, »lass ma Joint rauchen.«

Berauscht von den Poppers sagte ich zu ihr: »Du bist so eine schöne Frau, ich heirate dich und du kannst weg hier von dem ganzen Scheiß.«

»Nee, man« widersprach sie mir energisch, »du bist ein wirklich netter Mann, aber mit dir und deinen Landsleuten verdiene ich viel Asche und macht alles Spaß, wieso aufhören?«

Recht hatte sie. Als wir das venlosche Grass rauchten, stieß ich mit meinem Ellebogen eins der am Fenster angebrachten Rotlichter an. Es war kaputt und der Joint ging dem Ende zu.

»Muss Hausmeister holen«, sagte sie und ich erwiderte: »Mach das, es ist Zeit für mich zu gehen.«

So zog ich mich wieder an und bat den eintreffenden Hausmeister darum, mir noch kurz das Klo aufzusperren, um vor dem Heimweg meine Blase entleeren zu können.

Wieder an der Straße versuchte ich meine Gedanken zu sammeln. Mir war klar, dass ich ein Taxi brauchte, um wieder nach Grünstadt zu kommen. Taxis waren in dieser Nacht unglücklicherweise keine unterwegs, so versuchte ich wie auf dem Hinweg nach Worms City zurückzutrampen. Ich wartete ca. 20 Wagen ab, bis ich das Warten leid war, und machte mich zu Fuß auf den Weg. In Fahrtrichtung schlenderte ich also die B9 entlang, mir war zwar klar, dass dieser Straßenabschnitt eng war und die Autos schnell daherkamen, doch ich hatte ja keine andere Wahl als weiterzulaufen. Nach ungefähr drei gelaufenen Kilometern kam ich an einen Autobahnzubringer, und dann ging bei mir das Licht aus.

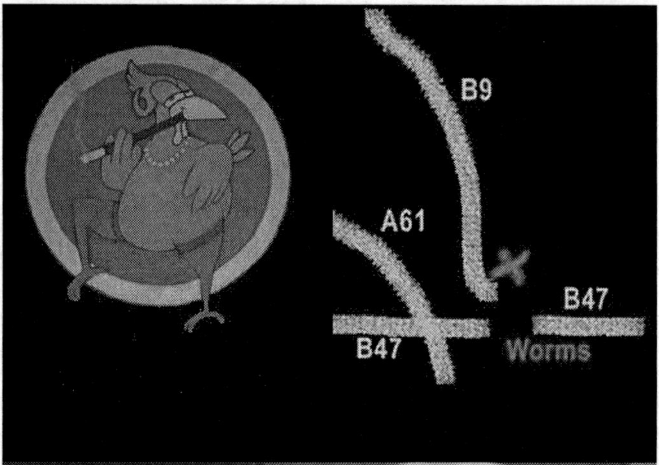
B9
A61
B47
B47
Worms

Bistro
ZU DEN
GIRLS

Kapitel 2: Die Klinik

Um die 12 Stunden später ging das Licht bei mir wieder an. Ich öffnete die Augen und erfasste die Situation. Ich befand mich auf der Intensivstation des Klinikums Worms. Das hiesige Personal erkannte, dass ich aufwachte, und kam zu mir ans Bett.

»Herr Kuiters?«, fragte mich ein Arzt.

»Was ist mit meinem Schwanz?«, bretterte ich dem Mediziner entgegen.

»Ihnen wurde ein Blasenkatheter gelegt. Sie hatten einen schweren Unfall. Sie wurden von einem Auto erfasst. Ihr Schädel sowie ihr Unterschenkel sind gebrochen. Außerdem haben Sie viel Blut verloren.«

Ein normaler Mensch wäre geschockt gewesen, doch dafür war ich zu stark mit Schmerzmitteln vollgepumpt. Zwei Tage lag ich auf der Intensivstation, wie in Trance. Neben mir lag ein Mann, der aufgrund akuter Herzprobleme dort gelandet war. Er schrie 3-mal täglich wie ein Verrückter nach seiner Frau: »Hannelore! Hannelore! Hanneloooooore!« Besonders heftig vor der Besuchszeit. Meine Eltern erschienen dann um 18.00 Uhr, genauso wie Hannelore. Ich realisierte, dass meine Eltern geschockt und aufgelöst waren. Das Klinikpersonal hatte sie nämlich ein paar Stunden zuvor darüber informiert. Ich war der Annahme, das sei Sache der Polizei, wie es im Fernsehen zu sehen ist, doch zu diesem Zeitpunkt war ich in der bitteren Realität angekommen.

Verzweifelt versuchte ich, meinen Alten zu schildern, was passiert war. Sie zeigten sich wie immer verständnisvoll und hörten mir zu. Sie waren immer für mich da und standen sogar in dieser schweren Zeit zu mir. Aufgrunddessen war ich auf mich selbst sehr wütend, da ich anscheinend erst die größte Scheiße bauen musste, um das endlich zu erkennen und schätzen zu lernen.

Diese wertvolle Erkenntnis brachte mich nach dem Besuch dazu, weiter nachzudenken und zu reflektieren. Doch die realen Umstände lenkten meine Aufmerksamkeit auf die Gespräche des Klinikpersonals. Es wurde wild spekuliert:

»Der hat ja gut gesoffen! 2,5 Promille!«

»Ja, Drogenscreening werden wir auch noch machen.«

»Hat nicht auch der Fahrer was gesoffen?«

»Weiß nicht genau.«

Ich fragte wegen diesen fragwürdigen Statements bei einer Schwester nach. Das sympathische Mädchen kam gleich zur Sache:

»Du bist aus Grünstadt, gell?«

»Ja, bin ich.«

»Komm aus Göllheim, ist ja in der Nähe. Da war letztens auch ein schwerer Unfall.«

»Göllheim kenn ich wegen der Bowlingbahn.«

»Ich duz dich einfach, wir haben ja dasselbe Alter!«

»Gerne, kannst du mir sagen, was passiert ist? War der, wo mich überfahren hat, auch betrunken?«

»Das kann ich dir nicht genau sagen, musst bei der Polizei den Unfallbericht verlangen.«

Ich nahm das mal so zur Kenntnis, ohne zu ahnen, was dies noch für Kreise nach sich ziehen würde.

Nach meinen zwei Tagen in Trance wurde ich auf die reguläre Unfallstation verlegt. Im ersten Augenblick war ich froh darüber, da ich ein Einzelzimmer wegen mangelnder Belegung zugeteilt bekommen hatte. Und ich war die ständigen, auch Nachts lautstark gegrölten »Hannelore«-Rufe auf der Intensivstation leid. Trotzdem begriff ich außerordentlich schnell, dass hier alles auf *schnell schnell* ausgelegt war. Gewaschen wurde ich nur alibimäßig, obwohl ich schon auf der Intensivstation kaum gewaschen wurde, weil ich schlicht und ergreifend einfach nicht dazu in der Lage war. Um 8 Uhr gabs Frühstück, um Punkt 12 Mittagessen und um 6 Uhr Abendessen. Der Assistenzarzt kam jeden Tag unchristlich früh morgens um 7.00 Uhr vorbei, um sich nach meinem Zustand zu erkundigen. Zuvor wurde *husch husch* das Laken gewechselt.

Manche Pfleger stellten sich mir vor, man sprach kurz miteinander, man hatte Smalltalk. Einige wenige waren sehr engagierte Pfleger, der Rest beließ es die ganze Zeit bei Hallo und Tschüss. Ich verlangte nicht, wie ein Superstar behandelt zu werden, doch tägliches Waschen, Hilfe bei Grundbedürfnissen (ich bat, den schmerzhaften Blasenkatheter endlich zu entfernen) und sonstige Tätigkeiten, die normalerweise das A und O in der Pflege sind, kann man als Unfallopfer schon verlangen.

Der imaginäre Suchtteufel in mir schrie deshalb die meiste Zeit sehr laut nach Nikotin. Die ersten fünf Tage frage ich unermüdlich, wann ich wieder rauchen dürfte. Vielleicht einmal mit dem Blödsinn aufzuhören, kam mir nicht in den Sinn, zu sehr freute ich mich darauf, meine Lunge wieder ordentlich teeren zu können. Wahrscheinlich, weil es damals wohl die einzige Sache war, auf die ich mich freuen konnte.

Meine Eltern, die mich wie mein Bruder jeden Tag besuchen kamen, bekamen übrigens die negativen Ausschweifungen des Teufels in Form von meiner Person zu spüren. Auf Turkey sagte ich Sachen wie: »Wäre der Typ nur noch ein bissl schneller gefahren.« Trotzdem übernahm meine Familie die nötigen Tätigkeiten, die mir die Pfleger schuldig blieben. Sie wuschen mich sogar mit Franzbranntwein, weil mein Körpergeruch aufgrund der Umstände extrem unangenehm wurde.

Doch nach einer Woche im Krankenhaus kam ein für mich (zu diesem Zeitpunkt) erfreulicher Tag:

Der Tag, an dem ich mich (im Rollstuhl) mal wieder aus meinen Zimmer hinaus bewegen durfte. Tags zuvor hatte mir mein Bruder mit einem Elektrorasierer eine »lustige« Frisur verpasst, mit der ich dann stolz wie Oskar in der Klinik rumrollte. Ich hatte noch keine Kippen, also genoss ich es, mit der Mitleidmasche zu schnorren. Es war interessant zu sehen, welch eine Wirkung mein Erscheinungsbild zu diesem Zeitpunkt hatte. Später würde ich noch ganz anders darüber denken.

Bei der Fluppe zwischendurch lernte man auch seine (zumindest rauchenden) Zimmernachbarn kennen. Als erstes lernte ich Maik, einen 20 jährigen Wormser, kennen, der durch einen Sturz vom Dach um ein Haar querschnittsgelähmt gewesen wäre. Dass er bei diesem schweren Unfall Alkohol getrunken hatte, um dann auf das Dach des Hauses seiner Eltern zu steigen, um eine Kippe zu rauchen, und dazu das Ganze unweit von meinen Unfallort an der B9 entfernt war, mag reiner Zufall sein. Doch mittlerweile glaubte ich an Karma, doch dazu später mehr.

Der Maik war aber ein korrekter Typ, mit dem man über so ziemlich alles, was uns jüngere Menschen beschäftigt, reden konnte. Besonders lustig fand ich seinen Vorschlag, dass bei uns mal zwei heiße Schwestern die »Veranstaltung abblasen sollen«.

Seine Eltern besuchten ihn übrigens auch jeden Tag und mussten ihn ebenso waschen. So was bringen kollektive Massenabfertigungen morgens nun mal mit sich, Alltag in deutschen Krankenhäusern.

Bei mir allerdings stand zu dem Ganzen noch etwas ganz besonderes auf dem Plan. Unweit des Krankenhauses wurden in einer Schule in Worms Abgangszeugnisse für die Sozialassistenz verteilt. Da ich meins nicht persönlich abholen konnte, bat mein Vater meinen Klassenkameraden Florian telefonisch, mir mein Zeugnis vorbeizubringen. Da er einer von zwei Leuten war, die diesen Abschluss nicht erreicht hatten, hatte er wenigstens jetzt ein anderes Zeugnis abzuholen, immerhin.

Am Zeugnisstag wartete ich sehnsüchtigst auf dieses Dokument. Ich wartete bis 15.00 Uhr und rief ihn mit meinem Handy an. Er erklärte mir, die Feier habe eben erst angegangen und somit verzögere sich das Ganze. Ich wartete und wartete. Als mein Bruder mit meinem Vater wie jeden Tag zu Besuch war, kamen wie aus dem Nichts fünf Klassenkameradinnen inklusive eines Typen, den ich nicht kannte, zum Vorschein. Sie hatten von meinem Unfall gehört und erkundigten sich nach meinem Wohlbefinden. Wir redeten über Zukunftspläne.

Ich war froh, dass ein paar Leute zu dieser Zeit bereit waren, mich zu besuchen. Andere haben nur feiern im Kopf. Wenig später trudelte Florian mit meinem Zeugnis an, im Schlepptau Patrick, dem dritten männlichen Sozialassistenten dieser Klasse sowie seiner Internet-Freundin aus Dortmund. Nachdem alle anderen weiter mussten, saßen wir zu viert draußen am Park der Klinik. Ich erzählte ihnen die Umstände des Unfalls ausführlicher als den Besuch zuvor und fing an, Tacheles zu reden. »Ihr habt es bestimmt schon längst gemerkt, ich habe ein riesiges Alkoholproblem, sprich, ich bin Alkoholiker«, teilte ich ihnen etwas reumütig mit. Patrick fand die Sache anfangs eher lustig, doch später würde sich auch seine Meinung dazu ändern.

Als ich dann mit Florian kurz allein war, bedankte ich mich sehr herzlich dafür, dass er trotz seines Ausgangs in dieser Sache bereit war, mein Zeugnis abzuholen. Ich entschuldigte mich auch für die peinlichen Auftritte, die ich besoffen bei ihm in der Studenten-WG hingelegt habe.

Und so ging der Klinikalltag seinen gewohnten Gang. Jetzt war ich halt ein Krüppel mit Fachabitur, hat ja auch was. Und ich lernte Sammy kennen. Sammy war ein auf Rassistendeutsch genannter »Zigeuner«, oder, politisch korrekt, ein Mitglied der Ethnie Sinti und Roma. Bei der nächtlichen Fluppe quatschte er mich einfach mal an, was ich hätte und woher ich komme. Ich kam schnell mit ihm ins Gespräch. Wir klagten gemeinsam die Missstände im Krankenhaus und der

Gesellschaft im Allgemeinen an.

Laut meines ehemaligen Lehrers im Fach Pädagogik ist ganz Worms ein sozialer Brennpunkt. Folgerichtig ist es so, dass dann ein Wormser Sinti und Roma mit einem Grünstädter Halb-Holländer im Gespräch schnell auf das Thema Drogen kommt. Wir redeten darüber, wie entspannend ein Joint sein kann, wie diese »grüne Brille« die Weltsicht verändert und welche Inspiration man durch das Rauchen erfühlen könnte.

Nach der Fluppe fuhren wir den Fahrstuhl hoch, auf unsere Station. Er hatte nämlich einen Arbeitsunfall, wo sein Arm von einer Maschine bis auf die Knochen malträtiert wurde.

»Brauchst du was?«, fragte Sammy mich.

»Wär net schlecht hier im Krankenhaus«, antwortete ich, »kannst nen 5er klar machen?«

»Wird schwer«, sagte Sammy »10er geht aber bestimmt.«

Wir gingen kurz auf sein Zimmer. Ich gab ihm meine 9 €, die ich von meinen Eltern hatte. Er wollte mit mir zusammenlegen und ein Kollege sollte es vorbei bringen. Unser Gespräch entwickelte sich weiter und weiter. Wir erzählten uns von unseren Problemen, unserer privaten Situation und wie es weiter gehen sollte.

Wir beschlossen, noch mal kurz vorm zu Bett gehen eine letzte gute-Nacht-Fluppe zu rauchen. Er schob mich in meinem Rollstuhl, als dann eine Schwester lauf rief: »Halt! Wo willst du hin?«, im ziemlich unfreundlichen Ton.

Sammy konterte: »Eine Rauchen, ist das verboten? Denken Sie vielleicht bitte lieber daran dass ich noch meine Tablette nehme.«

»Welche Tablette? Du bekommst hier net alles, ok?«, kam von ihr wie aus der Pistole geschossen.

»Nur die, die mir der Arzt verschrieben hat, Schwester«, kam stets freundlich die Reaktion von Sammy. Sie checkte das nach, und er hatte ja auch tatsächlich eine Schlaftablette verschrieben bekommen.

Sammy echauffierte sich sehr über die Dame. »Ich werde sie fragen, ob sie zusammen mit mir im Kindergarten war«, zischte er erbost. Damit hatte er verdammt Recht. Sie hatte ihn wie jeden anderen auch gefälligst zu siezen und ihn nicht so dumm von der Seite anzumachen. Leider sieht man dadurch, dass Rassismus in Deutschland auch heutzutage ein ernstes Problem zu sein scheint. Ich bestärkte ihn in seinem Vorhaben, dieser unverschämten Schwester mal ordentlich die Meinung zu geigen. So verblieben wir und ginge beide in unsere Bettchen.

Am nächsten Tag bekam ich Mittags etwas Muffensausen, da mein Vater mich auf meinen Zimmer anrief und mir mitteilte, dass die Polizei einen Herr Müller vorbeischicken würde, um mich wegen versicherungstechnischer Sachen vorerst zu vernehmen. Das passte mir wegen der Dope-Geschichte da gerade nicht in den Kram. Ich ging an den klinikinternen Internetanschluss, den man für einen Euro ganze zehn Minuten nutzen konnte. Im Wkw kündigte sich zufälligerweise ein alter Kiffer-Kollege an, der mich besuchen kommen wollte, dazu aber wegen seiner Verpeiltheit nicht in der Lage war. Doch zu dem später mehr.

Wenig später traf ich Sammy. Ich erzählte ihm ehrlich, was los war und dass die Bullen vorbeikommen würdem. Mit ernster Miene nahm er das zur Kenntnis und gab mir Tipps, wie ich mit denen zu reden hatte. Die waren allerdings unnötig, da ich wohl genauso oft oder vielleicht sogar öfter als er mit denen zu tun gehabt hatte und deshalb Bescheid wusste.

Am späten Nachmittag ließ sich der besagte Herr Müller von der Wormser Polizei bei mir im Zimmer blicken. Im Schlepptau eine weitere junge Wachmeister-Anwärterin, welche die ganze Zeit schwieg. Er erkundigte sich nach meinem Gesundheitszustand und erklärte mir, dass ich vor das Auto eines gewissen Herrn Bülent Kocaman gesprungen wäre. Es hätte sich ein unbekannter Zeuge gemeldet, der das bestätigen würde. Da das Licht damals bei mir ausging und ich in der Klinik erst wieder zu Bewusstsein kam, konnte ich mich folgerichtig an den Unfall überhaupt nicht mehr erinnern.

»Ich nehme das alles so zur Kenntnis.« Mehr konnte und wollte ich dazu nicht sagen. Herr Müller gab mir noch die Daten von Herrn Kocaman aus versicherungstechnischen Gründen durch und machte sich daraufhin mit seiner Kollegin vom Acker.

Nach dem Abendbrot sah ich unten beim Rauchen Sammy mit einer Gruppe anderer Sinti und Roma. Ich blieb in der Nähe und lauschte ihrem Kauderwelsch (Roma-Sprache). Ich verstand nicht viel, auffällig war aber, dass alle Gesprächsteilnehmer wirklich auffällig oft die Wörter »Jesus« und »Christus« erwähnten.

Als ich Sammy etwas später noch mal traf, erklärte er mir gleich, seine Kollegen hätten kein Grass mehr gehabt und würden jetzt nach Venlo fahren, um welches zu holen.

»Ihr habt über Gott gesprochen, gell?«, fragte ich ihn.

»Ja, hier, Martin, ich habe sogar Info-Material dabei, kannst dir ja mal durchlesen, ist von meiner Gemeinde.« Damit gab er mir die Broschüren in die Hand. Es entwickelte sich ein tiefgründiges und ernsthaft geführtes Gespräch.

»Warum denkst du, bist du noch am Leben? Dafür muss es doch einen Grund geben!«, warf er ernsthaft in das Gespräch rein.

»Wenn ich darüber nachdenke, hast du Recht, ich glaube, es gibt einen guten Grund, warum ich diesen schrecklichen Unfall überlebt habe, ich glaube Gott, das Schicksal, Karma, oder wie man das auch nennen mag, hat noch was Besonderes mit mir vor. Ich sollte über meine Erlebnisse vielleicht ein Buch schreiben.«

Solche Worte kamen von mir, wo ich mich doch selbst als atheistischen Kommunisten verstehe, der normalerweise 101% antireligiös eingestellt ist.

Nach so viel Ernsthaftigkeit erlebte ich am darauffolgenden Tag etwas Erfreuliches. Corinna und Iris, zwei von den Klassenkameradinnen, die letztens zu Besuch waren, brachten mir ne Pommes und nen Gartensalat vom Mägges mit. Angeregt von dem Gespräch am Tag zuvor erzählte ich den beiden von meinem Vorhaben, ein Buch zu schreiben. Da sie meine auf Halbbildung bebaute »Babblerei« in der Schule oft genug erleben durften, waren die beiden auch scheinbar davon überzeugt, dass ich das Zeug dazu hätte. Diese Bestätigung von externen Personen bewog mich später auch dazu, diese Geschichte aufzuschreiben.

Doch zu diesem Zeitpunkt hatte ich nicht das Schreiben, sondern eher Weed im Kopf. Ich wartete vergeblich auf Sammy, und abends war mir klar, dass dieser schon entlassen worden war und die 9 €, die ich ihm gegeben hatte, futsch waren. Das rassistische Vorurteil, dass sogenannte »Zigeuner« klauen, hat sich tragischerweise bestätigt.

Sammy hatte allerdings schon Kinder und eine Frau zu ernähren, also waren die 9 € bestimmt nicht ganz falsch angelegt.

Durch den langweiligen Krankenhausalltag, der aus mangelnder Pflege, Fernsehen und Rauchen bestand, bekam ich zwischenzeitlich, wie meine Mutter zu sagen pflegt, einen »Lagerkoller«. Ich war deprimiert wegen allem, meinem Dasein, wegen meiner Situation, wegen dem Essen usw. Ich bekam jeden Tag vegetarische Kost, das heißt, auf dem Krankenhausteller gedünsteten Fisch. Der kam mir schon zu den Ohren raus und ich wollte nur noch nach Hause.

Das frühe Wecken durch den Assistenzarzt kam einem chronischen Langschläfer wie mir auch nicht zu gute, also fragte ich mal vorsichtig an, ob ich wieder nach Hause dürfe.

»In ein bis zwei Tagen, Herr Kuiters«, sagte der junge Neumediziner. Bei den Schwestern fragte ich nach, ob ich dann einen Rollstuhl vorübergehend bekommen könnte, um wichtige Termine wie Polizei und Arbeitsamt erledigen zu können. »Die Krankenkasse hat dies leider abgelehnt, Herr Kuiters«, teilte mir der Oberarzt am folgenden Tag mit.

»Sie bekommen diese Krücken. Die Physiotherapeuten zeigen Ihnen, wie man damit läuft.«

Besagte Therapeuten ließen sich vielleicht gerade zwei mal kurz bei mir blicken, zeigten mir, wies geht, und waren dann auch schon wieder weg.

Apropos Rollstuhl, am ersehnten Tag meiner Entlassung lernte ich Uwe kennen. Er hatte einen schweren Arbeitsunfall in einer Firma, wie das Karma halt will, an der B9. Ihm war eine 200 kg schwere Rolle auf das Bein gefallen und hatte ihn schwer verletzt. Auch er wollte nach Hause, da er wie jeder andere auch nicht gewaschen und grob gesagt verwahrlost wurde, und auch er fragte nach einem Rollstuhl. Er bekam ebenfalls eine Absage mit der Begründung, dass ja schon so viele Rollstühle geklaut wurden. Wie ich wäre auch dieser ehrliche Mann bereit gewesen, ein Pfand von 100 € oder einfach den Perso zu hinterlegen. Doch das Personal und die Ärzte blieben hart.

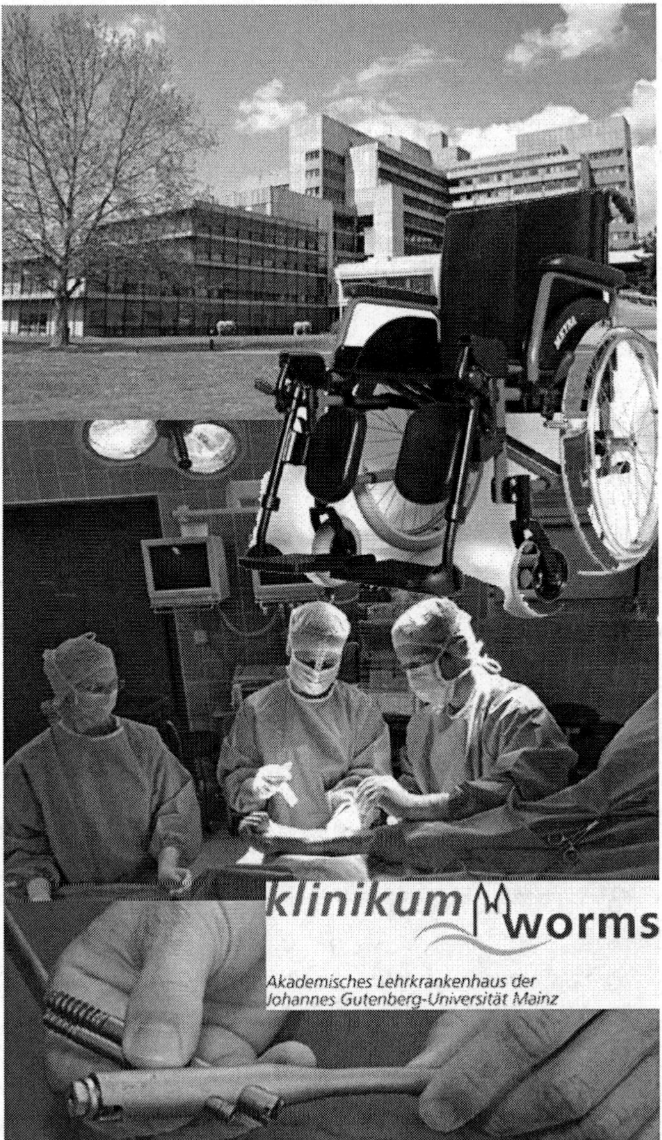
klinikum worms
Akademisches Lehrkrankenhaus der
Johannes Gutenberg-Universität Mainz

Kapitel 3: zu Hause

Nach zwei langweiligen Wochen im Krankenhaus, in denen ich es stets gewohnt war, mich mittels Rollstuhl fortzubewegen, musste ich mich auf den ganz gewöhnlichen Alltag einstellen, allerdings mit der traurigen Gewissheit, das vorerst ganz ohne Rollstuhl tun zu müssen. Laufen konnte ich wegen Schmerzen im gesunden Fuß aufgrund der enormen Belastung nur wenige Meter. Wir richteten uns im Haus ein gewisses Computerstuhl-Rollstuhlersatzsystem ein, sodass ich mich so frei wie möglich im Haus ohne Schmerzen bewegen konnte. Unser Familienhund Snoopy wird glaub ich nie verstehen, wieso sein Herrchen da so komisch herumrollte, was ich ihm allerdings nicht im Geringsten verübeln kann.

So begann die häusliche Invaliden-Chillzeit, die ähnlich wie im Krankenhaus von TV, Internet und Rauchen geprägt war. Nach einer ruhigen Woche kam ich zu dem Entschluss, durch kleine Ausflüge mit meinem Bruder das Krückengehen mal etwas zu trainieren. Wir beschlossen also, einen Ausflug in den Birkenheidener Tierpark zu unternehmen. Das passte gut, weil ich Tiere liebe. Meine Schmerzmittel hatte ich schon längst abgesetzt, da kam wieder das imaginäre Suchtteufelchen zum Vorschein. Ich hatte vor dem Unfall bei einem Kollegen etwas Pep gekauft, ein kleines Tütchen voll. Dies hatte ich mir eigentlich für die anstehende Festivalsaison gekauft, doch nun war ja alles anders. Also nahm ich das Tütchen und zog mir vor dem Ausflug erst einmal eine große weiße Line rein.

Wenig später fuhr ich mit meinem Bruder die Landstraße entlang in Richtung Tierpark. Ich freute mich so auf die Tiere, und es kamen jede Menge Kindheitserinnerungen hoch, da wir in meiner sehr frühen Jugend einen Ort weiter gewohnt hatten. Doch die Vorfreude wurde schnell getrübt. Mit den Krücken unterwegs waren nach nicht mal 200 Metern meine Schmerzen trotz »Dopings« so schlimm, dass ich nicht weiterlaufen konnte und Pause machen musste. Mein Bruder Benny war stets geduldig und wartete mit mir, bis es besser wurde. Auf der Bank sitzend kam Benny eine wunderbare Idee: »Martin, guck mal, da sind Flamingos, die haben das Bein so wie du.«

»Ja stimmt«, sagte ich, »ab jetzt bin ich kein Krüppel, Invalide oder Veteran mehr, sondern ein Flamingo!«

Wir lachten darüber, man muss auch mal über sich selbst lachen können.

Einsatzfreudig machten wir uns auf zum Tiergehege. Benny kaufte etwas Rübenschnitzel, welches man den Ziegen, Eseln und Rehen füttern durfte. Schon als Kind habe ich die Viecher gerne gefüttert, doch diesmal war das Füttern so anstrengend, dass mir die Freude dabei sinnbildlich am Fuß hängen blieb.

Drauf geschissen! dachte ich mir. Ein Flamingo kennt keinen Schmerz! Und kämpft sich vor zu den Eseln, die füttert der Flamingo nämlich am liebsten. Die Maultiere waren höchstens 300 Meter weit entfernt, aber mir kam diese Entfernung vor wie ein Marathon. Am Ziel angekommen, brach ich ein vor Schmerzen und setzte mich direkt auf den Boden. Es war ein schöner, warmer Sommertag, was meinem Körper zusätzlich zu schaffen machte. Nochmals berappelte ich mich, fütterte die Esel, wie ich es wollte und machte mich auf den aus meiner damaligen Perspektive unendlich wirkenden Rückweg zum Auto.

Ich gewöhnte mich antiparadoxerweise daran, nach dem Aufstehen gelegentlich eine weiße Line zu ziehen. Ich tat das sogar vor dem Besuch beim Hausarzt, der ab und an mal das Bein sehen sollte. Mein Hausarzt war, wie ich es aus Erzählungen erfuhr, auch geschockt wegen meiner ernsten Verletzung. Eine doppelte Unterschenkelfraktur sei ja auch ein nicht alltägliches Vorkommnis. Er beging aber einen Fehler. Er schaute sich das Bein nur kurz an. »Versuch dann einfach, das so gut wie es geht zu bewegen«, riet er mir. Ich folgte seinem Rat.

Da ich mir wieder mal regelmäßig weißes Pulver durch die Nase schniefte und allmählich wieder Lust auf Alkohol verspürte, beschloss ich, zuerst mit meinen Eltern über den aufkommenden Suchtdruck des Alkohols zu sprechen. Psychologische Hilfe wäre in der damaligen Situation dringend nötig gewesen. So beschloss ich mit meiner Mutter, zum Hausarzt zu gehen, um eine Überweisung zu einem Psychologen zu ergattern.

Wie die Tage zuvor auch, musste ich mit meiner Mutter ungefähr eine volle Stunde lang in der Praxis warten, um endlich dranzukommen. Als es dann soweit war, verfrachtete mich die Sprechstundenhilfe zwischen Tür und Angel auf einen Stuhl. Dr. Helper, mein Hausarzt, kam herein. Er wusste von meinen Alkoholproblemen und ich war der Annahme, er würde mir dabei weiterhin helfen. Ich erklärte mich und bat um die Überweisung. Zudem fragte ich ihn, ob er mir einen männlichen Psychologen mittleren Alters empfehlen könne.

»Martin, darf ich dir nicht vielleicht eine vollbusige Blondine mit 90-60-90 empfehlen?«, keifte er mir entgegen. »Was soll ich dir noch herzaubern, mein Junge?«, giftete er weiter. Sichtlich geschockt sah ich meine Mutter an, auch sie schaute irritiert drein.

»Ich habe das seriös gemeint, Dr. Helper. Ich will keine großen Ansprüche stellen, ich will lediglich Hilfe«, teilte ich ihm mit.

»Dann such dir erst mal einen Psychologen der dir einen Termin gibt. Falls du einen finden solltest, bekommst du die Überweisung.«

Nach diesem herzlichen Tipp fuhr ich mit meiner Mutter zurück nach Hause.

Ich rief bei ca. 20 Psychologen in und um Grünstadt herum an und bat um Termine. Die Wartezeiten variierten überall zwischen 2 und 3 Monaten. Dr. Helper hätte sich sein abfälliges Geschwätz also sparen können. Immens wichtig war allerdings auch die mir aufgezeigte Tatsache, dass man es als Hilfesuchender in Deutschland heutzutage ganz schön schwer hat.

Etwas frustriert ging mein Invalidendasein weiter. Mit meinen Krücken als humpelnder Flamingo unternahm ich weiterhin kleine nette Ausflüge mit meinem Bruder. Die Sache mit den Krücken klappte immer besser und deshalb wurde ich mutiger. Ich dachte wieder an Dinge, die ich beispielsweise im normalen Zustand getan hätte.

Leider schneller als erwartet holte mich die Realität des Unfalls zurück. Herr Müller von der Polizei Worms hatte mich vorgeladen zur offiziellen Vernehmung. Ich fuhr mit meinem Vater früh morgens aufs Polizeirevier. Im Auto sagte ich zu ihm: »Papa, du bist doch auch ein Sportfan, bei der Leichtathletik-WM in Berlin denken die doch nicht wirklich, dass Südafrika einen Mann unter ihre 800 m-Läuferinnen geschleust hat. Wenn die weißen Leute da sehen, dass eine Afrikanerin einfach schneller laufen kann als eine weiße Frau, stellen sie so dumme Behauptungen auf.«

»Der Test, der angeordnet wurde, wird Klarheit bringen, Martin«, sagte mein Vater im üblich ruhigen Ton.

Am Revier angekommen, machte ich mich mit meinem Vater auf die Suche nach Herrn Müller. Wir wurden schnell fündig. Am Empfang war der mir schon bekannte Mann zu sehen. Mein Vater bekam schnell mit, dass es sich um ihn handelte, und stelle sich ihm vor. Höflich bot mein Vater ihm die Hand an, die er nur widerwillig ergriff. Gleich teilte der Polypen-Lehrling ihm mit, dass er bei der Vernehmung nicht dabei sein könne. Daraufhin ging ich mit Müller in sein Kabuff. Wiedermals war seine ominöse Kollegin zu sehen, die nie ein Wort sagte, stattdessen höchstwahrscheinlich ihre Brillianz im Schweigen übte.

»Unterschreiben Sie erstmal dieses Formular, das Sie über Ihre Rechte belehrt wurden, Herr Kuiters«, nuschelte er vor sich hin.

»Hier steht was von Kameras«, fragte ich verwundert, »sind hier Videokameras installiert?«
»Nein, außer meiner Kollegin wird niemand Ihre Angaben mithören.«

Ich gab die Situation des Unfalls aus meiner Sicht von damals grundehrlich an, wie ich sie erlebt hatte. Details ließ ich aus, aber alles unmittelbar Relevante teilte ich dem jungen Beamten mit.

»Gegen Sie wurde Anzeige erstattet wegen gefährlichen Eingriffs in den Straßenverkehr.«

Darauf antwortete ich: »Was erwartet mich da? Wann bekomm ich Bescheid? Könnte ich vielleicht mal den Unfallbericht sehen?«

»Dazu kann ich Ihnen leider nichts sagen. Das steht nicht in meiner Befugnis. Akteneinsicht können Sie nur via Anwalt beantragen. Weitere Informationen kann ich Ihnen leider nicht zur Verfügung stellen«, teilte er mir diplomatisch mit.

»In Ordnung«, sagte ich, »nur eins müssen Sie mir sagen, wie viel Promille hatte ich denn intus? So was muss doch untersucht werden!«

Nüchtern, dennoch leicht frustriert, gab er mir die Auskunft »dass die Staatsanwaltschaft diese Werte nicht als Beweismittel beantragt habe.« Mehr wollte ich nicht wissen, bedankte mich bei ihm, reichte ihm die Hand zum Abschied, die er auch bei mir nur widerwillig erwiderte, und so verließ ich das Revier.

Ein Gutes hatte die ganze Sache. Wenn mein Suffwert nicht als Beweis herhalten konnte, war es relativ unwahrscheinlich, dass ich tatsächlich vor Gericht landen würde. Dann musste man einfach auf Freispruch aufgrund mangelnder Beweise plädieren. Interessieren würde es mich trotzdem, ob Herr Kocaman, der mich über den Haufen gefahren hatte, auch Alkohol intus hatte. Wenn dessen Wert auch nicht als Beweismittel zugelassen würde, fehlte einer Anklage meiner Person jeder Halt.

Ich war etwas erleichtert und alles ging seinen gewohnten Gang weiter. Der mir persönlich mehr als unangenehme Termin bei der Polizei sollte dadurch noch getoppt werden, dass ich den mehr als fälligen Termin beim Arbeitsamt zu erledigen hatte. Eine etwas masochistische Neigung schien ich offensichtlich zu haben. So fuhr mich mein Vater wenige Tage später zur Agentur für Arbeit nach Bad Dürkheim, damit ich mich endlich mal arbeitssuchend, ausbildungssuchend und weiß der Teufel noch was melden konnte. Dort angekommen schielte mich der Sachbearbeiter am Empfang erst mal skeptisch an.

»Ich würde mich gern arbeitssuchend und ausbildungssuchend melden«, sagte ich fast schon euphorisch. »Eeeeehm ...«, stotterte der nette Mann. »Arbeitssuchend können Sie sich leider nicht melden, da Sie nicht arbeitsfähig sind.«

»Ja, ich wurde unglücklicherweise einen Tag vor meinem schweren Unfall arbeitslos«, teilte ich ihm bedauernd mit.

»Vor dem Unfall? Ach herrje! Sie haben dadurch im Prinzip keinerlei Ansprüche auf Krankengeld oder dergleichen. Eine schwierige Situation.«

»Ganz genau, meine Krankenversicherung muss ich deshalb momentan selbst bezahlen, da ich, weil ich mich nicht vor dem Unfall arbeitssuchend melden konnte, nicht über die Agentur versichert bin.«

»Ja, das können Sie jetzt aber nachträglich nicht

mehr tun, da Sie wegen ihrer Verletzung nicht arbeitsfähig sind.«

»Dumm gelaufen.«

»Sprechen Sie einfach noch mal kurz mit meiner Kollegin.«

So begab ich mich an den Schreibtisch einer ca. 30jährigen Blondine. Sie hatte ein Arschgeweih tätowiert, das machte sie mir irgendwie sympathisch. Ich erklärte ihr meine Situation erneut. Sie verwies mich an die Agentur für Arbeit in Grünstadt, dort könne ich unter gewissen Umständen Arbeitslosengeld 2 beantragen und die Sache mit meiner Krankenversicherung würde sich da vielleicht auch regeln lassen. Außerdem sollte ich ein Formular mitnehmen, welches ich ausfüllen und binnen einer gewissen Frist zurückschicken sollte.

Vor zwei Jahren war ich nämlich schonmal bei der ARGE in Grünstadt, wo ich Harz 4 beantragen wollte. Ein gewisser Herr Chemchuk hatte meine Bitte damals knallhart abgelehnt, ein zweites Mal wollte ich mir das nicht antun. So stark ist meine masochistische Neigung nun doch nicht ausgeprägt.

Fakt war also, ich hatte laufende Kosten aufgrund des Unfalls und ich bekam null Euro vom Staat. Es machte sich langsam ernsthafte Resignation bei mir breit, ich fühlte mich im Stich gelassen von unserem sogar im Grundgesetz angeblich propagierten »Sozialstaat«.

POLIZEI
RHEINLAND-PFALZ

Kapitel 4: Der Besuch

Da die Frustration durch die hiesigen Behörden bei mir immer größer wurde, suchte ich weiterhin Ablenkung durch die kleinen, aber feinen Ausflüge mit meinen Bruder. Auf dem Rückweg von einem großen Badesee kam mir im Auto die aus Frust und Verzweiflung entstandene Idee, mal meinen Kumpel Freddy anzurufen. Der hatte mich damals auch im Krankenhaus besucht, war aber total auf Pep und dadurch logischerweise etwas paranoid. Ich rief ihn an und bat ihn, mich an einen Dealer zu vermitteln, der mir Grass besorgen könnte.

Grass wollte ich schon im Krankenhaus und schließlich stand das Afrika-Festival vor der Tür, wo ich trotz meiner Verletzung unbedingt hin wollte. Es war nun mal einer meiner festen Rituale, dort Jahr für Jahr hinzugehen, um mir dann gepflegt die Rübe voll zu rauchen. Beim Telefonat mit Freddy kam er mir sofort entgegen und sagte »ich mach das schon«. 15 g Grass wollte ich haben. Verrückterweise kam er der Bitte tatsächlich nach, obwohl ihm der Arsch auf Grundeis gehen würde, würde man ihn dabei erwischen. Er war nämlich 2 ½ Jahre auf Bewährung wegen Drogenhandels. Aber was tut man nicht für alte Kollegen ...

Mein Pep vom anderen Kollegen ging zur Neige, und bevor Freddy mit den grünen Blüten nach

Grünstadt kommen wollte, rief er mich an und fragte, ob ich noch »Schnelles« bräuchte. Also orderte ich noch 2 g weiteres Pep an, um drogentechnisch für das Festival bestens ausgerüstet zu sein. Mit den geruchsintensiven Waren im Rucksack wollte er nicht so weit Zug fahren, also holten wir ihn auf halber Strecke ab.

Wir laberten über die uns altbekannten Themen. Drogen, Kumpels, Frauen und Technopartys. Alles, was halt so geht. Mir kam es so vor, als wäre ich durch eine Zeitmaschine drei bis vier Jahre in die Vergangenheit zurückgesetzt worden. Daheim angekommen, saßen wir, nachdem wir das mit den Drogen in meinem Zimmer gecheckt hatten, gemütlich im Garten. Da so schönes Wetter war, grillten wir auch, für Freddy hatte meine Mutter auf Wunsch sogar extra Schweinenacken gekauft. Gemeinsam aßen wir draußen und Freddy erzählte von seiner Arbeit in Mannheim als Bürokaufmann.

Danach begaben wir uns runter zu mir in den Keller, um Videos zu schauen. Freddy haute den Film »Berlin Calling« rein, ein autobiographischer Streifen eines Techno-DJs. Mein Bruder schaute mit und er ist wie ich ein gewiefter Hobbyfilmkritiker. Als er seine Kritik an dem Streifen kurz kundtat, sprang Freddy verschreckt auf, heulte kurz im Stehen und wollte den Film wegtun.

»Halt! Freddy! Lass doch, wir mögen solche Filme ja!«, beschwichtigte Benny.

Freddy kriegte sich wieder ein und so schauten wir den Film weiter. An dem merkwürdigen Verhalten von Freddy änderte sich allerdings wenig, im Gegenteil, es wurde immer schlimmer. Alle 15 Minuten sprang er wie ein Karnickel auf, lief auf und ab und machte einen sehr paranoiden Eindruck. Dabei hat er noch nicht einmal nen Joint geraucht.

Als mein Bruder wegging, holte Freddy sein Material raus. Er legte zwei Lines dick wie Dirk Bach und bot mir eine davon an. »Der alten Zeiten wegen«, antwortete ich und zog. Freddy legte ein Techno-Set auf und wir fingen an, uns mit weißem Pulver die Nase zu verstopfen. Nachdem aber Freddy vier dicke Lines hintereinander zog, fragte ich ihn verärgert: »Sag mal, willst du dir hier bei mir eine Überdosis geben, oder was?«

»Sorry«, kam bedröppelt aus seinem Mund. Trotzdem nahm die Sache seinen Lauf.

Irgendwann hauten wir uns nen Porno rein. Wenn man auf Pep ist, bekommt man dicke Eier, und das wissen wir beide am besten, von früher halt. Mein Sofa wurde vor die Tür geschoben und so fingen wir beide an, uns einen von der Palme zu wedeln. Seltsamerweise hatte es uns nie gestört, früher wie heute, dass wir uns gegenseitig dabei gesehen haben.

Während ich schon 3-mal abgespritzt hatte, hatte Freddy noch nicht einmal eine Erektion. Logisch dass die Potenz allmählich abnimmt, wenn man wie er in dieser Dimension Drogen konsumiert. Das sollte mir eigentlich als Negativbeispiel genügen. Doch Pustekuchen, sein merkwürdiges Verhalten wurde auch nach dem Pornogucken immer schlimmer. Und schlafen gehen, war durch das viele aufputschende Pep nicht möglich.

So saßen wir die ganze Nacht in meinem Zimmer und beschäftigten uns mit belanglosem Kram wie im Internet surfen und Fernsehen gucken. Ich war heilfroh, als er am folgenden Tag um 14.30 Uhr seinen Zug zurück nahm.

Mir wurde nämlich durch sein Verhalten bewusst, welchen Scheiß ich gebaut hatte. Er war und bleibt ein guter Kollege, aber so werden wie er wollte ich auf keinen Fall.

»Freddy ist unheilbar krank, Martin«, sagte mir Benny, nachdem er Freddy zum Bahnhof gebracht hatte. Recht hat er. Doch zur Wahrheit gehört auch, dass er für mich zu diesem Zeitpunkt ein Spiegelbild dargestellt hat, für den falschen Weg, den ich gegangen war, und den falschen Weg, den ich eventuell gehen würde. Meine Vergangenheit hatte mich durch Freddys Besuch vorübergehend eingeholt. Mir wurden immer mehr Zusammenhänge bewusst, und ich fragte mich selbst, welchen Bären ich mir mit ihm und den Drogen eigentlich aufgebunden hatte.

Als er am späten Abend nochmals anrief und obendrein die Frechheit besaß, über die »Assi-Gegend«, in der ich wohne, herzuziehen, da er ja Schlimmes auf der Zugfahrt gesehen habe, redete ich mal mit ihm Klartext. Er sollte sich mal selbst anschauen, ob er da nicht ebenfalls einen Assi sehen würde. Und er sollte sich wegen seinem panischen Auf und Ab und seinem allgemein äußerst komischem Verhalten nicht einbilden, in nächster Zeit als Gast erwünscht zu sein. Er akzeptierte meine Kritik und so war die Sache erst einmal gut.

Meine wegen Freddys Besuch sehr intensiven Prozesse des Nachdenkens wurden nach ein paar Tagen vorsichtig bei Seite geschoben, aber aufgeschoben ist ja schließlich nicht aufgehoben.

Es stand schließlich mein Festival vor der Tür, das Afrika-Festival in Aschaffenburg.

Heineken
Heineken
Heineken

Kapitel 5: Das Festival

Seit dem Jahr 2000 kenne ich dieses Festival. Jedes Jahr gehe ich mit meinem Bruder, inklusive wechselnder »Mitbringsel«, dorthin, um vom Alltag abzuschalten, Live-Musik zu hören und dabei ordentlich Grass zu rauchen. Das diesjährige Mitbringsel war Edgar, ein russischstämmiger Junge aus Grünstadt, der sogar mal zwei Wochen bei uns gewohnt hatte. Leider leidet er unter einem Waschzwang und bekommt nur mit viel Mühe seinen Arsch hoch.

Unbeeindruckt davon machten wir uns an einem sonnigen Mittwoch auf, um rechtzeitig am Festivalzeltplatz zu sein, um einen feiertauglichen Platz zu finden. Unglücklicherweise fand ausgerechnet an diesem Tag ein weiterer, eigentlich trauriger Termin statt. Mein Bruder musste ein Arbeitszeugnis von seinem ehemaligen Arbeitgeber einklagen. Der Gerichtsverhandlung diesbezüglich mussten wir deshalb vorher noch beiwohnen.

Am Amtsgericht Neustadt/Weinstrasse angekommen begaben wir uns in den Sitzungssaal. Der Richter und der Anwalt meines Bruders trudelten gemütlich ein. Doch mysteriöserweise ließ sich keiner von der gegnerischen Partei blicken. »Just for fun« schlossen wir mitten im Gerichtssaal wetten ab, ob sich jemand von denen blicken lassen würde oder nicht. Ich verlor die Wette, da ich auf das Erscheinen von Frau Lehmann, Bennys ehemaliger Chefin, gewettet hatte.

Der Richter fragte Bennys Advocat, ob man noch bereit sei, 15 Minuten zu warten. Doch alle Beteiligten waren sich letztendlich einig, dass dies keinen Sinn machen würde. So wurde meinem Bruder ein wohlwollendes Arbeitszeugnis zugesprochen und seinem Ex-Arbeitgeber eine Strafe sowie die Kosten des Verfahrens aufgebunden.

Nach dem Verlassen des Gerichtsaals machte sich verhaltender Jubel breit. Endlich hatte die deutsche Justiz uns einmal Recht zugesprochen. Das war in der Vergangenheit nicht allzu oft der Fall gewesen. Mit diesem Triumph im Nacken machten wir uns mit Edgar also auf zum Festival.

Für meine Mobilität auf dem Festival hatte mein Bruder in Kooperation mit Edgar schon im Vorfeld gesorgt. Ein Rollstuhl war also am Start, organisiert und inspiriert getreu dem Spirit von Robin Hood. Wir heizten im Auto unsere Stimmung durch eine extra fürs Festival gebrannte CD ein.

Endlich am Ground angekommen, baute Benny mit Edgar fleißig die Zelte auf. Für mich blieb die passive Zuschauerrolle im Rollstuhl übrig. Kurze Zeit später, nachdem alles aufgebaut und verstaut wurde, fing es wie aus Eimern an zu schütten.

Plötzlich, mitten in der Nacht, kam irgend so ein (wie er sogar über sich selbst sagte) Spacken zu uns ins Zeit, um ein bissl zu quatschen. Er war einer derjenigen, die nur wegen einer bestimmten Gruppe (in diesem Fall Blumentopf) aufs Festival kamen. Solche Groupies sind leider einfach nur nervig, wenn man vier Tage lang einfach nur chillen will. Ein nettes Gespräch über die festivalrelevante Themen wie Afrika, soziales Miteinander oder einfach nur Unfug treiben ist mit solchen Freaks nicht möglich, da diese sich nur über die Songtexte ihrer Lieblingsband anständig artikulieren können. So vertrieben wir ihn höflich und warteten gespannt auf den kommenden Tag.

Am darauffolgenden Morgen, nach meinen traditionellen Guten Morgen-Joint kamen langsam aber sicher auch die anderen Leute an, die wir seit Jahren dort treffen. Beispielsweise eine gewisse Lulu, die wir mit ihrer Busenfreundin Sophie schon das dritte Mal auf diesem Festival trafen. Diesmal hatten die beiden eine ganze Horde Mitbringsel angeschleppt, noch sechs weitere Leute.

Und dann kamen unsere Afrika-Kollegen. Mit Marc alias Herr Frodo, einen kleinen Mann, für den ich letztes Jahr einen PKW-Kindersitz ergattert hatte und aus dem wir ihm zu Ehren einen Thron gebaut hatten sowie eine angemessene Krone inklusive Zepter. Tobi, ein derber Typ, der sich besoffen mal gerne entblößt, mit seiner

Freundin, die das skurrile Hobby innehat, tote Tiere aus dem Wald abzukochen, um sich diese dann ins Zimmer zu stellen. Nicht zu vergessen Bryane, ein Mitglied der dänischen Minderheit in Schleswig-Holsein, von dem keiner so genau weiß, warum er die 1000 km Jahr für Jahr dorthin fährt.

Mit diesen Leuten ging das Treiben bunt daher. In glühender Hitze spielten wir den ganzen Tag Bierkegeln, mit meiner Wenigkeit als Schiedsrichter. Ich verzichtete vorerst auf den Alkohol, bei dem Rest stieg der Pegel kontinuierlich.

Abends ging es dann auf die Pirsch. Am asphaltieren Radweg begegneten uns zwei nette Österreicherinnen. Es wurde herzlich geplauscht und die beiden wollten mich auch mit dem Rollstuhl herumfahren, doch Edgar war dermaßen vollgesoffen, dass er die beiden begrapschte und beschimpfte. Deshalb suchten die Mädchen anschließend das Weite. Mich hatte das zwar verärgert, doch nun sah ich wieder einmal, wie ich mich früher aufgeführt hatte. Wieder mal hatte ich einen Spiegel vor die Nase gesetzt bekommen.

Nächster Tag: Edgar machte mir Sorgen, er saß nämlich nur noch faul herum und hatte wie zu Hause in Grünstadt große Probleme, seinen Arsch hoch zu kriegen. Er quengelte die ganze Zeit herum, er müsse ins Schwimmbad, sich duschen. Der Waschzwang kam zum Vorschein. Das fand ich aber noch nicht so schlimm, jeder hat ja seine Macken. Doch als Edgar zum Pinkeln ins Zelt ging und mit einem mit Urin gefüllten Wasserkanister rauskam, konnte ich nur noch mit den Kopf schütteln.

Diese Macken sind nämlich ein warmer Furz im Gegensatz dazu, was man für eine Weltsicht als Rollstuhlfahrer auf so einem Festival erlangt. Die ganzen mitleidigen Blicke ignoriert man zwar mit der Zeit, doch vor allem bei den Konzerten ist das Gegaffe allgegenwärtig. Als mich Herr Frodo zum Samy de Luxe-Konzert schob, riefen aufgrund seiner Größe und meiner Behinderung uns Leute »Freakshow« hinterher, andere beschwerten sich, dass es eine Unverschämtheit sei, hier bei dem großen Trubel einen Rollstuhlfahrer rumzukutschieren. Sei ja alles schon voll genug.

Seit diesen Erfahrungen habe ich unendlich viel Respekt vor Behinderten, die ihr Leben lang mit sowas zurechtkommen müssen.

Da es noch relativ früh am Morgen war, ging ich aufs Festivalgelände, um mal ordentlich aufs Klo zu gehen. Dort traf ich die anderen an einem Essensstand. Sie tranken dort einen 100%igen Bio Kaffee. An dieser Stelle lernte ich eine junge Veganerin kennen, die mich wegen meines Rollstuhls ansprach. Mit ihr philosophierte ich über meinen Unfall, den Sinn des Lebens, über das

Festival und so weiter. Nachdem sie mir einen Gutschein für veganes Essen geschenkt hatte, gesellte sich zu uns noch ein junger Veganer. Mit ihm philosophierte ich fast eine Stunde lang über den Fehler der Massentierhaltung, Fehler des Kapitalismus, über Ernährung, das Vegetarier- und Veganer-sein. Doch als eine Biene mir mitten vors Gesicht flog und ich nach ihr schlug, hielt der Veganer inne: »Bitte nicht«, sagte er ermahnend. »Die Biene tut niemandem etwas, solange du ruhig bleibst.«

Nun war mir klar, wie dieser Kerl tickte. Das war so ein Radikaler, der einen Lederjackenträger nicht in seine Wohnung lassen würde. Zudem wollte er in eine Kommune nach Brasilien auswandern, wo er sogar autonom seinen Strom herstellen wollte. So ein Lifestyle mag ja edel und interessant sein, aber nix für mich, also zog ich weiter.

Festivalsamstag: »So früh schon am rauchen?«, fragte ein durchtrainierter, langhaariger Typ beim Vorbeilaufen als er mich sah. »Komm gleich ma vorbei«, meinte er. Und so kam er, wollte am Joint mitrauchen und erzählte, dass er Physiotherapeut sei. Ich erläuterte ihm meine Krankengeschichte, und er erklärte mir ausführlich, wie die ganze Sache mit den Muskeln und Knochen usw. funktioniert.

Er massierte meine Lymphe und sagte mir Worte,

die sich in mein Gewissen reinfraßen: »Es ist dein Fuß! Du musst den Ärzten in den Arsch treten, damit was passiert! Du brauchst dringlichst eine Physiotherapie!«

Er zeigte mir noch Übungen, die ich regelmäßig machen sollte. Ich war diesem Kerl sehr dankbar dafür, mir war zwar bewusst, dass ich eine schwere Verletzung hatte, dass das mit der Physiotherapie sehr dringlich war, war mir allerdings noch nicht in dieser Klarheit bewusst gewesen.

Die restliche Zeit genossen wir einfach mit den Kollegen. Benny rasierte Herrn Frodos Schädel und wir feierten alle fröhlich weiter. Dass wir uns so gut verstanden, hatte bestimmt seine Gründe. Wir hatten alle ähnliche Probleme und eine ähnliche Art, damit umzugehen. Damit meine ich das exzessive Zuballern mit Alkohol (von dem ich am Sonntag wieder mal getrunken hatte) und das Grass rauchen. Trotzdem unterstützten mich diese Freunde die ganze Zeit mit Herumschrieben usw., was mich sehr froh stimmte. Aber wie dem auch sei, wir hatten alle unseren Spaß und zum Schluss war es eine schöne Zeit und wir machten uns montags allesamt wieder auf den Rückmarsch in die Zivilisation.

FESTIVAL

Kapitel 6: Die Briefe

Der Physiotherapeut auf dem Festival hatte mir die Augen geöffnet. Dienstags, nach dem Festival, hatte ich einen Termin im Wormser Klinikum zum Röntgen. Trotz Termin war die Wartezeit lang und die Dame, die mich behandelte, hatte nicht mal eine Minute Zeit, mir zu zeigen, wie mein Bein geröntgt werden sollte. Ein »ich kann nur so gut, wie der Patient kann« war nach 30 Sekunden der abwertende Kommentar ihrerseits. Als ob ich mir jeden Tag den Unterschenkel röntgen ließe. Der Arzt, der das Bildmaterial dann beurteilen sollte, teilte mir später mit, die Sache würde noch mindestens acht Wochen dauern. So schlimm hatte ich mir das Ganze zu diesem Zeitpunkt noch nicht ausgemalt. Da dieser Arzt mir angeblich keine Physiotherapiestunden aufschreiben konnte/durfte/sollte, ging ich schnellstmöglich zu Dr. Helper, um mir dort Physiotherapiestunden aufschreiben zu lassen. Das gewohnte Spiel war im Gange, ca. eine Stunde warten, und dann wurde ich wieder einmal zwischen Tür und Angel platziert. Dr. Helper kam herein, und ich bat um das dringend notwendige Rezept. Als ob die Sache mit 90-60-90 nicht schon Hammer genug gewesen wäre, nein, Dr. Helper musste noch einen draufsetzten: »Junge Bastarde wie du sollen sich nicht so anstellen. Vor 70 Jahren sind Kerle wie du im Schützengraben verreckt. Und du willst eine Physiotherapie haben?«

Dazu konnte und wollte ich einmal mehr nichts sagen. Widerwillig schrieb er mir das Rezept.

Dr. Helper ist ein Arschloch, der aber ehrlicherweise durch das Gesundheitssystem in Deutschland zum Arschloch geworden ist. Denn er verschrieb mir wegen seines Budgets nur widerwillig die notwenige medizinische Versorgung. Ein großer Ball von Wut und Resignation machte sich in meinem Schädel breit. Da ich durch das System anscheinend durchfalle (was bestimmt auch andere Leute tun) habe ich mich in meiner Verzweiflung an die höchste Instanz in diesem Land gewandt.

Von: martin.kuiters@hotmail.de
Gesendet: Dienstag, 18. August 2009 14:03:31

Email abgeschickt aus dem Bereich: "Bundeskanzlerin, Deutsch", 18. August 2009 um 16:03 Uhr
Absender der E-Mail:
Martin Kuiters [martin.kuiters@hotmail.de]
Haydnstr. 48
67269 Grünstadt

Nachrichteninhalt:
Sehr geehrte Frau Kanzlerin Merkel,
mein Name ist Martin Kuiters, ich bin 23 Jahre alt und wohne in Grünstadt (Rheinland-Pfalz). Am 1. Juli 2009 erlitt ich durch einen Unfall einen

komplizierten, doppelten Unterschenkelbruch sowie einen Schädelbruch. Wenn ich könnte, würde ich Ihnen auch den Unfallhergang erläutern, doch die zuständigen Polizeibehörden haben mir keine Einsicht in die Unfallakte gewährt.

Bis einen Tag vor dem besagten Unfall war ich 11 Monate sozialversicherungspflichtig in einer Kindertagesstätte angestellt, im Rahmen meiner Ausbildung zum Sozialassistenten. Diese Ausbildung habe ich begonnen (übrigens auch erfolgreich abgeschlossen), um studieren zu können um mir eine bessere Perspektive zu ermöglichen. Davor habe ich alles Menschenmögliche unternommen, um Arbeit und Ausbildung zu erlangen, um mir mein Leben finanzieren zu können. Dass heißt, ich habe schon in die Rentenkassen einbezahlt und war bis jetzt der Ansicht, dass ich als deutscher Staatsbürger in dem sogar im Grundgesetz verankerten »Sozialstaat« wenigstens das mindeste an Hilfe erwarten kann was mir zusteht.
Doch da ich momentan nicht arbeitsfähig bin, kann ich mich auf der Agentur für Arbeit nicht arbeitssuchend melden. Anspruch auf Arbeitslosengeld 2 habe ich nicht, da ich bei meinen Eltern wohne. Logischerweise muss ich nun meine Krankenversicherung selbst bezahlen.
Einen ärztlich verschriebenen Rollstuhl, um wichtige, aus dem Unfall hervorgegangene Termine ohne Schmerzen wahrzunehmen (Polizei, Agentur für Arbeit) wurde mir versagt, da die Allgemein-

heit nicht für meine Termine bezahlen soll? Psychologische Hilfe, die ich in meiner Situation dringlich benötigt hätte (bzw. immer noch habe), ist nicht möglich, da die lokalen Psychologen erst im September wieder Termine frei haben.

Fakt ist also, ich bin vorübergehend krank und damit nicht fähig zu arbeiten. Aus meiner letzten Beschäftigung habe ich mir den Lohn gespart (ca.. 1000 €), welcher schon durch aus dem Unfall hervorgegangenen Kosten total aufgebraucht sind. Ansprüche auf Sozialleistungen habe ich nicht.

Dass heißt, ich steh ohne Geld und Einkommen da. Ich würde wenn ich wieder auf die Beine komme, gerne studieren, ich interessiere mich sehr für Politik, leider kann ich in Rheinland-Pfalz diesbezüglich mit meinen Fachhochschul-Abschluss nicht studieren.
Bald ist Bundestagswahl, Frau Kanzlerin, was wenn ich Sie wählen würde, können Sie für mich tun? Sie sind die mächtigste Person im Land, können Sie mir jetzt vielleicht helfen?

Hochachtungsvoll,
Martin Kuiters

Die Antwort aus dem Kanzleramt-

Sehr geehrter Herr Kuiters,

vielen Dank für Ihre E-Mail zum Thema Gesundheitspolitik an Bundeskanzlerin Dr. Angela Merkel.

Leider ist es wegen der Vielzahl der an Frau Dr. Merkel gerichteten E-Mails und Schreiben nicht möglich, Ihnen individuell zu antworten. Ich würde mich freuen, wenn Sie dafür Verständnis haben.

Nach der Aufgabenverteilung innerhalb der Bundesregierung ist das Ministerium für die Bearbeitung von Anfragen und Stellungnahmen zuständig, in dessen Aufgabenbereich das Anliegen fällt.

Für viele Themenbereiche und Fragestellungen hat die Bundesregierung ein umfangreiches Informationsangebot entwickelt, das Ihnen einen schnellen Zugriff auf unser Wissen ermöglicht. In Ihrem Fall möchte ich Ihnen dazu den Internetlink http://www.bmg.bund.de empfehlen.

Sollten Sie hier die gewünschten Informationen bzw. Klärungen nicht finden, möchte ich Ihnen raten, sich mit Ihrem Anliegen direkt an das Bundesministerium für Gesundheit (BMG) zu wenden. Sie können das Ministerium per E-Mail über post-

stelle@bmg.bund.de erreichen.

Mit freundlichen Grüßen
Im Auftrag
Heinrichmartin Kreye

Bürgerservice
Presse- und Informationsamt
der Bundesregierung

Man sieht an dieser Reaktion, dass das System von Kopf bis Fuß stinkt. Sogar die Sprecher der mächtigsten Person in Deutschland schieben die Verantwortung lediglich auf andere ab.

Der Vollständigkeit halber hier noch meine Reaktion darauf:

Sehr geehrter Herr Kreye,

Ihre Antwort auf mein Schreiben bestätigt weiterhin meinen Eindruck, dass hier in Deutschland bei Problemstellungen reflexartig auf andere Stellen verwiesen wird. Dasselbe wie hier geschehen passiert mir persönlich wenn ich mit der Agentur für Arbeit, Polizei oder sonstigen staatlichen Behörden zu tun hab. Es scheint eine deutsche Tugend geworden zu sein, Probleme stets an andere Stellen zu verlagern, anstatt eine Problemlösung anzubieten. Meine Problemstellung tangiert nämlich nicht nur das Gesundheitswesen, sondern die Bereiche Exekutive (Polizei), Arbeit und Soziales sowie Bildung. Bildung zum Beispiel ist wiederum Ländersache, also würde auch in diesem Punkt streng der Tugend nach auf eine andere Stelle verwiesen werden. Besser für mich persönlich wird es wohl sein, sich mit diesen Zuständen arrangieren zu müssen, da diese Methodik hier in Deutschland von der höchsten bis zur niedrigsten Instanz traurige Normalität geworden zu sein scheint.

Mit freundlichen Grüßen,

Martin Kuiters

Darauf kam vom Kanzleramt keine Reaktion mehr.

Dann war Wochenende angesagt und überall ging Party. Auf die große Party hatte ich keine Lust mehr in meinem Zustand, also freute ich mich sehr, als ich in der lokalen Zeitung las, dass in einen Grünstädter Vorort Amjidi Lamptey, ein ghanaischer Musiker, mit seiner Band auftrat. Benny fuhr mich die 2 km dorthin und ließ mich direkt vor dem Weingut heraus, wo das Konzert stattfand. Da in der Zeitung kein Preis stand, war ich der Annahme, 20 € würden für diesen kulturellen Abend reichen. Doch als mir die junge Frau an der Kasse 19 € Eintritt abverlangte, wollte ich wie in Afrika üblich feilschen.

»Ok, ich gebe dir 10 €, alles klaro?«, fragte ich nett und locker.

»Nein«, erwiderte sie, »Sie bekommen heute einiges geboten«

Ich erklärte meine finanzielle Situation aufgrund des Unfalls und schlug vor, 15 € zu bezahlen.

»Für einen Schädelbruch können Sie ja noch ganz gut sprechen«, warf ein junger Mann ein, der ebenfalls an der Kasse saß.

Ich zahlte nach diesem Kommentar frustriert, als im selben Moment zwei Journalisten der Rheinpfalz antanzten. Diese zeigten ihre Presseausweise und durften, wie man in der Pfalz sagt, »fer umme« rein.

»Hochbezahlte Journalisten lassen Sie umsonst rein und jemanden wie mich lassen Sie volle 19 € bezahlen und das in einem Grünstädter Vorort!«, rief ich etwas echauffiert. Die Journalisten schauten sich verwundert an und gingen weiter.

Das Konzert war zwar wunderbar, doch mein Ärger darüber so groß, dass ich mir zwei Gläser Wein reinkippte, obwohl ich der Sauferei eigentlich abgeschworen hatte.

Zum Schluss holte ich mir noch ein Erinnerungsfoto mit Mister Lamptey und seiner Band und ließ mich von meiner Mutter abholen. Die war natürlich enttäuscht, dass ich wieder mal was gesoffen hatte, und in meiner Wut über den Kulturverein Grünstadt, welcher die Veranstaltung austrug, geigte ich der Chefin dieses Clubs ebenfalls via E-Mail meine Meinung:

Sehr geehrte Frau Dr. Susanne Friedl-Haarde,

zum Ersten mal bot sich mir heute in Grünstadt-Sausenheim die Gelegenheit mit Mister Lamptey's Musik afrikanisches Lebensgefühl hier bestaunen zu dürfen. Doch dass ich trotz Erläuterung meiner schwierigen Situation volle 19 € Eintritt bezahlen musste (was übrigens im Rheinpfalz LEO nicht angegeben war) halte ich der Sache gemäß nicht tragfähig. Ich habe eine doppelte Unterschenkelfraktur, bin deshalb arbeitslos und arbeitsunfähig und bekomme 0 € vom Staat. Meine Krankenversicherung muss ich auf Grund unglücklicher Umstände selbst bezahlen. Wenn man diese tragischen Umstände schon mitteilt, kann man wenigstens erwarten, dass man ein wenig Rabatt bekommt.

Aber nein, so was verstehen Menschen des Kulturvereins Grünstadt nicht. Sie haben ja alle Abitur und unternehmen nette Ausflüge nach Basel, ins Museum. Bevor SIE versuchen, afrikanische Kultur zu vermitteln, sollten Sie vielleicht Werte wie Menschlichkeit und Solidarität erst einmal überdenken. Kultur sollte für alle Menschen zugänglich sein und heutzutage hat nicht jeder mal 20 € für ein Konzert übrig.

Ich hab den Eintritt trotzdem bezahlt, war auch ein wirklich schönes Konzert, aber bedenken Sie beim nächsten Wein im netten Hof vielleicht mal, dass Kultur für jeden und nicht ausschließlich für einen separaten Teil der Gesellschaft zugänglich gemacht werden sollte.

Mit freundlichen Grüßen,

Martin Kuiters

Auch dieser Brief blieb unbeantwortet.

SCHEN VOLKE

Kapitel 7: Die Tragödie

Wie anfangs in der Geschichte erwähnt, können sich scheinbar unwichtige Dinge plötzlich zu sehr wichtigen Dingen entwickeln. Genau dasselbe geht auch umgekehrt. Ohne Frage, ich hatte die letzte Zeit seit meinem Unfall sehr gelitten, physisch und psychisch, hatte mich über das System, die Menschen und vor allem über mich selbst aufgeregt.

Ich philosophierte, machte mir über Dinge wie Sozialstaat, Solidarität und Menschlichkeit Gedanken. Politische Themen, die mir stets äußerst wichtig erschienen, wurden allerdings durch einen Zeitungsartikel, den ich eines Montag morgens las, zu belanglosen Nebensächlichkeiten.

Da ich regelmäßig Zeitung lese, wusste ich vor allen anderen bei uns im Ort, dass ein 25jähriger Bekannter von uns bei einem Autounfall ums Leben gekommen war. Ein weiterer Bericht im Internet darüber gab mir die traurige Gewissheit, dass es sich um ihn handelte. Er fuhr einen Wagen, der für Leute seines Alters sehr außergewöhnlich war, und auf dem Foto im Netz war genau das Modell, was er fuhr, genau mit der gleichen Farbe, in zwei Teile gerissen, zu sehen.

Ich kannte den Verunglückten zwar nicht von klein auf, aber ich weiß ganz genau, dass er ähnliche Probleme, Sorgen und Nöte hatte wie ich. Schicksal mag es sein, dass die B9, an der ich verunglückte, sein Grab wurde.

Es war für mich einfach schwer zu begreifen, dass jemand aus derselben Stadt wie ich, fast im selben Alter wie ich, ausgerechnet an der B9 krepierte, an der ich beinahe krepierte.

Logischweise stellte ich mir scheinbar übliche Fragen. Wieso hatte ich Glück und er nicht? Überhaupt von Glück zu sprechen, wäre mir zuvor, nach allem, was ich so erlebt hatte, absolut absurd vorgekommen.

Wegen dieser Tragödie ist jetzt viel los bei uns, vor allem virtuell. In den neuen, sogenannten sozialen Netzwerken gründeten sich rasch Trauergruppen, nachdem ein Tag später die traurige Nachricht die Runde gemacht hatte. Seltsamerweise hatten diese Trauergruppen schnell mehr Mitglieder, als der Verstorbene Freunde in diesen sozialen Netzwerken. Auf eine skurrile Art und Weise werden manchmal Menschen für andere Menschen erst interessant, wenn sie tot sind. Ob das bei mir auch so gewesen wäre?

Doch wie mir eine Freundin schrieb, dass wir uns jetzt alle zusammen reißen sollten und nach vorne gucken müssen, konnte ich dies zwar nachvollziehen, aber mir ging das nicht weit genug.

Wir, also ich, Benny, ein anderer Benny und seine Freundin Laura setzten uns zusammen, um über unsere Trauer zu reden.

Nach diesen Gesprächen und näherem Nachdenken bin ich zu folgenden Entschluss gekommen:

Wir müssen alle näher zusammenrücken, mehr aufeinander achten und uns mehr gegenseitig helfen. Von Mensch zu Mensch. Hier und überall.

Diese Geschichte widme ich deshalb dir.

Ruhe in Frieden

Wenn ihr mich sucht,

sucht mich in euren Herzen.

Habe ich dort eine Bleibe

gefunden, lebe ich

in euch weiter.